UN BESO ES UN MANGO CON LENGUA

Un beso es un mango con lengua

Natalia Peralta Rincón

A mis padres, por enseñarme a leer poesía en los libros
y a verla en la vida

Índice

Un prólogo para Natalia

MIGUEL YARULL

Un prólogo para Natalia, esa es la encomienda. Unos cuantos párrafos sobre su exquisito trabajo poético, una introducción que algunos leerán y otros se saltarán, como los avances en el cine. En tiempos que parecen exigir llegar al punto cuanto antes, el prólogo se ha convertido en una especie de resistencia contra la prisa, contra la urgencia. Casi como la poesía misma.

Y ya que hablamos de resistencia, *Un beso es un mango con lengua* se me antoja precisamente eso: resistencia. La poesía de Natalia se resiste al cinismo, al rebuscamiento, a la época atropellada y desfachatada en la que ha nacido. Su resistencia descansa en el amor que su autora siente por las palabras; en el reposo y el cuidado de la idea; en la búsqueda de una sencillez más poderosa que cualquier artilugio; en la nostalgia y la bonhomía de ese mundo de mangos, dulces, caña, niñez, amor, cercanía, desamor y distancia que Natalia cultiva y protege como un huerto en alguna llanura de Sevilla.

Natalia se celebra a sí misma al mejor estilo de Whitman, con sus bondades y sus carencias, con sus aciertos y sus imperfecciones. *Un beso es un mango con lengua* jamás pretende ser nada más que poesía en estado puro. No porque no aspire a más, sino porque no lo necesita. Es más que suficiente, es sensible y jubiloso, como Natalia.

Este poema lo escribí, lo olvidé y, pasados unos años, lo encontré en una libreta, lo leí en alto y escuché mi voz. No es el primer poema que escribí, pero sí es el primero en el que me reconozco.

Qué bonito que precisamente en este poema aquella Natalia hable de juventud. Me alegra comprobar que, aun siendo consciente de que el horror pasaría —como inevitablemente pasó y pasará—, pudo disfrutar de la tostada crujiente y salada que tenía delante. Brindo por eso y por ella.

Natalia Peralta Rincón

TAN JOVEN

No he sido nunca tan joven como hoy.
Se acerca a mi puerta un ejército
y me siento capaz de vencerlo
(esta mañana abrí un tarro de mermelada).

Creo que está muy lejos todavía
o la música no me deja oír los pasos.

Desayuné una tostada crujiente y salada.
Es esa hora muerta del domingo en la mañana
de la que yo me considero reina.
Ando en bata, no tengo mucho que hacer.
Mientras tanto,
mi corazón arde en pasiones dichosas y miserables.
Me rabia todo el cuerpo y tiemblo.

Qué gusto ir a galope.
Qué gustazo vivir así.

Tengo ganas de chupar mil gajos de naranja
y mil veces los mismos labios.
Solo digo «no» para sentir
el pelo estrellarse contra mi cara.
Puedo tener los ojos
sorprendidamente abiertos
o estrujadamente cerrados.
Bailo como los dioses
en los que Nietzsche hubiese creído.

Vivo vestida,
duermo desnuda,
lloro a mares.
Cualquier tontería puede
prenderme las mejillas
o provocarme la risa.

Me entretengo escribiendo versos
y pocas cosas me preocupan.

Ah, es cierto, viene el ejército.
¿Quieren que vaya a recibirlo?

A VECES, ME DOY CUENTA de que estoy viva.

No sucede siempre, pero cuando ocurre no se me escapan ninguno de los «te quiero» de mis padres, ni los silencios reparadores en una tarde de amigas, ni el sabor de la última cucharada de natillas. No se me escapa la luna cuando sale de día, ni el cielo atardecido, ni el extraño milagro de bailar con un extraño al ritmo de una música que otros extraños tocan. No se me escapa que me dedico a escribir, que fue siempre mi vocación, ni que existo en el mismo mundo en el que vive y muere la gente que más quiero; un mundo con mar.

Amo darme cuenta de que estoy viva porque la vida es más lenta y más jugosa en este estado de consciencia. El quehacer cotidiano no siempre lo permite, pero me esfuerzo en colocarme ahí. Leer poesía ayuda y «Deseo» siempre me devuelve a ese lugar.

NATALIA PERALTA RINCÓN

DESEO

Últimamente se me ha dado todo lo que quería,
excepto
tres mil quinientos treinta y cuatro amores,
la primera pechada,
la masa blandita del bizcocho,
un contrato de trabajo,
la pronunciación de «propriétaires»,
la poesía tal y como la sueño.

En todo lo demás,
grandes avances.

Hace veinticuatro días que no cojo una llamada.
Llamo a los jazzistas de la ciudad por su nombre.
Me doy muerte a menudo
y vuelvo a nacer.
Me salió el aliño de las patatas gajo
y este poema.

Noto
que ni tengo toda la vida por delante
ni la dejaré nunca atrás.

La vida hace rato me viene pasando y lo noto.
Es todo lo que quería. Lo noto.

Recuerdo que vi a mis primas pequeñas bañarse en la misma playa donde yo veraneaba con su edad. Las vi secarse con la misma toalla de rayas azules, rosas y blancas con la que yo me secaba. Bailé con ellas la canción del verano igual que su madre bailó conmigo cuando ella tenía más o menos mi edad actual y yo la de sus hijas.

Me sentí entre dos espejos paralelos observando una sucesión infinita. En ese momento, tuve el antojo de escribir un poema sobre la vida, con verbos en imperativo y en espiral, que de alguna manera lograse ese efecto tan bonito y poético.

Si alguien me dijera que la vida es lineal, le daría la razón, y, si me dijera que todo es un ciclo que se repite, también se la daría —no soy muy de discutir—. Aunque nadie pueda cruzar el mismo río dos veces, yo creo que existen esa espiral y esos paralelismos que, con el paso de los años, nos convierten a todos en sabios profetas.

Natalia Peralta Rincón

VIVE

Nace.
Llora. Mama.
Juega con la arena en la orilla.
Duerme sobre las piernas de alguien en las fiestas del
[pueblo.
Corre. Cae. Llora.
Enseña orgullosa tus heridas.
Aprende. Desaprende. Aprende.
Atrévete a saber.
Créete la primera rebelde.
Desea con todas tus ganas que todo te pase ahora.
Vive el drama. Llora.
(pero también)
Crece. Cambia. Baila.
Descubre tus gustos, manías y estilo.
Goza tu mente y tu cuerpo.
Escucha a Pororó.
Enamora y enamórate,
una y otra vez,
una y otra vez.

Deja que se vaya. Llora.
Ansía comenzar un trabajo
y ten ganas de dejarlo.
Pierde a la gente que te cargaba en las fiestas del pueblo.
Llora.
Jura nunca irte de la ciudad
y luego escapa a los suburbios.
Crea. Lucha. Resiste.
Paga impuestos.
Ten una crisis.
Encuentra una nueva historia que contarte.
Deja que los niños se duerman sobre tus piernas en las
                                    [fiestas del pueblo
y entiende la vida.
Pon los ojos en blanco cuando se crean los primeros
                                    [rebeldes.
Ten una especialidad.
Bebe vino donde lo haya.
Brinda por cada cosa que ya no te importa
y embriágate.
Sonríe a los enamorados
y felicita a aquellos que escapan a los suburbios.
Llora sin motivo.
Haz el amor.
Reconócete en esos que recién descubren
sus gustos, manías y estilo.

NATALIA PERALTA RINCÓN

No les digas cómo funciona el tiempo.
No les digas cómo pasa la vida.
Vuelve a escuchar a Pororó
y diles, como un chiste, que lo de antes era mejor.
Pierde a la gente que juró ser eterna.
Llora sin consuelo.
Recuerda todo lo que amaste y perdiste.
A los hijos de los niños
que se dormían sobre tus piernas en las fiestas del
[pueblo
míralos caer, llorar
y enseñarte orgullosos sus heridas.
Piensa: están preparados para la vida.
No te arrepientas apenas.
Canta tu canción hasta el final.
Muere.

EL MUNDO NO SE DETUVO —eso me sorprendió enormemente—, ni tampoco lo hice yo. La vida no se cubrió entera con un velo negro y triste. De hecho, todo sigue tan como antes que a veces se me olvida. Lo digo en serio, se me olvida. Luego la pena me parte como un rayo cuando cruzo la sala y no lo encuentro en el sofá que solía habitar. Pienso: «Ah, es verdad, ya no está».

De la misma manera, muchas veces me sorprendo a mí misma intentando llamarla. Siempre me pasa igual. Me detengo un segundo antes de apretar el botón verde. Cuando regreso a su casa —¿todavía es su casa?—, hago un esfuerzo y me preparo para afrontar el hecho de que no la escucharé llamarme «mi niña» cuando abra la puerta.

El mundo no se detuvo cuando ellos se fueron y, en esta vida que siguió, vivo feliz. Pero sucede que me acuerdo de ellos en las cosas que amaban; en todas esas cosas que ellos me enseñaron también a notar y amar.

Ese es mi luto agridulce, intermitente y eterno para ellos.

A mi abuelo Pepe y a mi abuela Ana

LUTO

Me detiene lo que debería escribir.

Debería escribir negro sin alivio,
pero sucede que la jacaranda se derrama
sobre la hierba verde en Sevilla
y encima naranjas.

Y no escribo negro sin alivio,
ni esto que sucede.
Solo me paso el día pensando
que es una gran pena,
que está preciosa Sevilla.

Es tan rico en este mundo construirse una casa blanca con ventanas azules y una buganvilla rosa trepando por la fachada. Es tan delicioso llenar esa casa de hojaldre de *brie* con peras y miel, de galletitas de avena y guayaba, de pan horneado mojado en aceite. Tener un sillón hecho a tu cuerpo y una librería infinita solo con los libros que te gustan. Es exquisito ser la anfitriona de una tarde de boleros o de una noche de cine con tus amigos queridos. Bailar lento en una cocina que huele a bizcocho de yogur y limón. Vivir tan de la misma manera que te conozcan de lejos por los andares.

En definitiva, es muy rico conocerse y construirse una piel y una vida que a una le guste habitar. Sin embargo, también pienso que, aunque no sea tan delicioso, tenemos que salir de ahí. Debemos pintarnos los ojos y no los labios, usar una chupa de cuero o tacones de aguja, sorprender a la camarera de siempre pidiendo de repente un *vodka-tonic* o una infusión. Debemos salir de vez en cuando y también a menudo de nuestros gustos, manías, estilo y de todo lo que nos contamos sobre nosotros mismos.

También hay cárceles blancas, con ventanas azules y buganvillas rosas.

NATA

Solo bebo ron
o vino blanco.
Solo bailo bachatas.
Siempre voy de azul marino
y falda.

Solo duermo con sueño,
pan, aceite y jamón.
Solo escribo poemas.
Solo leo canciones.
Solo juego al jazz,
siempre al jazz
y siempre así.

Pero,
de vez en cuando,
y también a menudo,
hago excepciones.

A mí me gusta el relajo.

«Relajo» es caminar sin rumbo por la ciudad después de cenar a solas con alguien que te gusta. Es sentir que tú también le gustas, pero que ninguno diga nada. «Relajo» es alargar la noche para que siga existiendo la posibilidad de que ocurra algo.

Amo las conversaciones en relajo, los wasaps con emoji en relajo, los conciertos íntimos en relajo, el cine rodilla con rodilla en relajo y los bailes lentos en relajo. Ese ir tejiendo el deseo.

En una de nuestras conversaciones en relajo, ella me explicó que hacerlo con amor significaba hacerlo estando presente. No importaba si era el amor de una sola tarde o el amor de veinte años de cotidianidad, lo que importaba era hacerlo estando presente, sintiendo, notando, agradeciendo y amando.

En ese momento, pensé «quizás» y de ese «quizás» nace este poema.

NATALIA PERALTA RINCÓN

HACERLO CON AMOR

Como una palma lamiendo el sol,
me pregunto si sus labios
sabrán al mar que la baña.

Quisiera desearla al paso,
toda la tarde en buena sombra,
dormirle una pierna encima
y rozarle la cadera
con los ojos cerrados.

Imagino que cuando habla de hacerlo con amor
habla de hacerlo conmigo.

Pero no sé
y la miro
y ella me mira,

quizás

también

así.

¿Qué me hubiese gustado a mí? A mí me hubiese gustado que él se hubiese quedado en mi cama y amarlo toda la vida tan ricamente. Pero eso no pudo ser y, como no pudo ser, surgió el poema.

No es lo mismo —dónde va a parar—, pero sé que, si me esfuerzo y elijo bien las palabras y las coloco en el orden correcto junto con sus pausas, si sigo bien la receta y lo dejo reposar el tiempo justo, soy capaz de extender los instantes vividos por más tiempo, como quien prepara mermelada para conservar el sabor de una fruta en su punto.

Ahora puedo volver a este poema, que es volver a él, y recordar que antes de irse me dejó sobre la almohada pétalos de azahar.

NATALIA PERALTA RINCÓN

MERMELADA DE AZAHAR

Ni su boca,
ni sus manos,
ni el olor de su cuerpo
al despedirse,
sobre mi almohada,
cuatro azahares dejó.

Y tanto tiempo ha pasado
que ya no me acuerdo
ni de su boca
ni de sus manos
ni del olor de su cuerpo.

Pero en Sevilla
es primavera
y, cuando suspiran los naranjos,
azahares
en mi boca,
en mis manos,
y en todo mi cuerpo,

vaya si me acuerdo.

ESTE POEMA LO ESCRIBÍ EN aquella época en la que, si le regalabas un comentario bonito, Marina lo retorcía y lo estrujaba hasta dejarlo inútil en el suelo. Siempre temía, siempre desconfiaba, siempre, por si acaso, esperaba lo peor. Una vez le mandé un regalo precioso que, por culpa de un descuido, llegó sin tarjeta. Marina por poco tira el regalo a la basura pensando que se trataba de una estratagema del crimen organizado para espiarla y estafarla.

No digo yo que no pasen cosas en el mundo, pero precisamente por eso es imperativo dejarse querer y confiar.

Por suerte, este poema llega tarde. Me alegra comunicar que Marina ya está aprendiendo a dejarse querer. Me consta que está practicando y que cada día le sale mejor.

Déjate querer, Marina

Es domingo por la tarde
y alguien busca acordes en una guitarra.

Déjate querer, Marina.

Yo sé por qué cierras los puños,
cruzas los brazos,
te derrumbas tres pasos atrás
y no te mueves.

Pero, igual que existe eso tan innombrable,
existen las caricias en el cuello
y las manos de quien las da.

Existen también las amigas pintoras, poetas,
cineastas, periodistas, hechiceras,
psicólogas, traductoras, pediatras
y, sencillamente, las amigas.

De vez en cuando, alguien te pide perdón
si se choca contigo en la calle
y en el periódico que siempre intentas no mirar
las madres de dos niños en guerra se dan un abrazo.

A veces,
un alma te habla con ojos grandes
mientras su voz y tu voz se miran.

Déjate querer, Marina.

Recibe el regalo de hoy sin suspicacia
y no temas el horror,
pues te aseguro que pasará.

Vive con las manos abiertas
y el pecho descubierto.

Levántate otra vez,
anda otra vez,
continúa.

NATALIA PERALTA RINCÓN

Aquí perdí yo.

Podría dar mil volteretas, hacerme la poetisa y decir que al menos lo tuve entre mis brazos, que atesoro cada ratito vivido, que gracias a él escribí este poema, que mi corazón se contenta con eso. Y, aunque todo es cierto, es más cierto todavía cuando digo que me duele.

Es doloroso que no te elija alguien con quien conectas. Es doloroso todo lo que no es mutuo, ni correspondido. Es doloroso la primera vez y luego cada vez que pasa. Es doloroso incluso cuando la que no eliges eres tú, pero un poquito más cuando no te elige el otro. En este caso, yo quería que me eligiera, no me eligió y me dolió. A veces, no hay que darle más vueltas.

Y, aunque este poema es la queja de un corazón herido, no quiero que se entienda como un reproche. Lo digo directamente en un verso: pienso que hizo bien. Yo también he dejado de elegir amores que en teoría encajaban perfectamente conmigo y me he empeñado en desear lugares donde no cabía. Como dice una conocida aria, «el amor es un pajarito rebelde» (aunque esto hay que matizarlo un poco con terapia y autorreflexión, tampoco nos pasemos).

Al final de este poema y de esta experiencia, me doy cuenta de que al menos nos queda el gusto de enamorarnos y de elegir libremente. Es un pequeño consuelo; me cuesta mucho escribir un poema y no terminar con un piquito de esperanza.

Natalia Peralta Rincón

LIBREMENTE

Siento que no me vas a elegir.

Aunque mi piel sea morena, mis ojos negros,
aunque te sepa a caña dulce mi acento,
aunque conozca mi boca la letra de todos tus boleros.

Siento que no me vas a elegir.

A pesar de que digo «mira la luna»
y te detienes,
o tú dices «mira el árbol beber del río»
y me detengo.

A pesar de cómo te ríes conmigo
y cómo me gusta verte reír.

Siento que no me vas a elegir.

Aunque tu mano me busca bajo el abrigo
y quepo en mi justa medida dentro de ti.

Cualquiera pensaría que,
siendo así, tiene que ser,
pero yo no lo creo.

Pienso que podrías no elegirme
y haces bien si no lo sientes
aunque te excites siempre un segundo antes de llegar a
[mi boca.

Esas no son razones,
ni yo quiero que las consideres.

Años atrás, lo sentiste por otras
sin acento, sin piel morena, sin ojos negros,
por otras que no escuchaban boleros,
ni se detenían, ni te hacían reír.

Años atrás, lo sentiste
aunque era evidente
que no cabías ahí.
Aun así, lo sentiste
por tantas otras
que no te eligieron a ti.

Por eso pienso que podrías,
por eso siento que no.

Y es que, al menos, nos queda eso.

ESTANDO EN SEVILLA EN UNA videollamada con alguien del Caribe, escuché a lo lejos a los gallos cantar. Toda mi infancia, adolescencia y primera juventud, veintidós años de vida en Santo Domingo, me inundaron la memoria en un segundo.

Lo curioso es que no lo sentí como la evocación de mi pasado, sino como el recuerdo de infancia de una persona que no era yo. No soy especialmente dada a la nostalgia, pero ese canto me derrumbó. Me sacudió tan fuerte que me caí de la silla.

¿Cómo pude olvidar el canto de los gallos?

NATALIA PERALTA RINCÓN

EL CANTO DE LOS GALLOS

A lo lejos,
escucho a los gallos cantar.

Qué raro oír a los gallos cantar.

Qué raro haber olvidado
que los gallos cantaban
en todas partes todo el tiempo.

Qué raro extrañarme ahora,
al escucharlos,
como si aquel pasado
no me hubiese pasado a mí.

¿Dónde quedaron esos oídos acostumbrados
y cuándo?
¿Por qué me suena el canto de los gallos a olvido,
a sueño lejano?
¿Por qué me suena a otra vida?
¿Por qué me detengo ahora?
¿Por qué me extraño?
¿Por qué estoy llorando?

Este poema me hizo tres regalos.

El primero ocurrió al escribirlo. Yo estaba muy dolida; era mi primera experiencia con el desamor. Quise a un muchacho y él no me correspondió. Me quedé con todo ese amor dentro de mí sin saber qué hacer con él. Entonces, lo vertí en este poema y me alivió. Aunque me seguía doliendo, un poco de alivio significó mucho para mí en ese momento.

El segundo regalo fue en una clase de mi máster de guion. El profesor nos pidió que leyéramos un poema de nuestra autoría. Yo elegí este y, cuando terminé de recitar, el profesor me miró y dijo: «No dejes de escribir». Lo dijo muy serio, como se dicen las sentencias en los juicios o los augurios en el oráculo. Sentí que, si no lo escuchaba y dejaba de escribir, se iba a perder algo valioso. Sus palabras quedaron grabadas en mí.

El tercer regalo ocurrió en esa misma clase. Luego de leer el poema y de que el profesor me dijera eso, se acercó a mí una compañera del máster y me comentó que le había gustado mucho mi poema. Eso fue lo que dijo, pero yo la miré a los ojos y entendí que lo que me quería decir es que ella también había entregado su amor como un mango delicioso y otra persona lo había abandonado sobre una meseta. Desde ese instante, esa chica y yo somos grandes amigas.

«Fruto» me dio una cura, un oficio y una amiga; que es todo lo que se le puede pedir a un poema.

Natalia Peralta Rincón

FRUTO

Como pasa un segundo, pasa un día
y este verano, como el pasado, mi mata parió mangos.

Rodeados de cordones como arterias
bombeaban sangre azucarada
y yo los bajé para que no los picaran las cigüitas golosas.

Y, como mi mata pare tantos mangos,
yo los reparto entre la gente.

Un mango para mi madre, otro para mi padre
y uno para mi hermano mayor.
Mangos para mis amigos,
para mis maestros y compañeros de oficio.
Mangos para la gente que baila el mundo conmigo.
Mangos de exportación que llegan salados.
Mangos sembrados en la tierra
para mis ídolos con voz y sin aliento.
Mangos para la señora de la cafetería
que le pone mantequilla al pan de mi sándwich
cuando lo tuesta.

Dice la gente que los prueba
que los mangos que pare mi mata
son los más grandes y los más dulces;
una mordida sagrada y sin pecado
que a los tristes alegra.

Y, aunque los reparta entre el recuerdo,
como mi mata pare tantísimos mangos,
también quedan algunos para mí.

Esos los recojo, los lavo, los pelo,
les quito la semilla, los corto y los trituro
y hago una batida que bebo y me alimenta.

Y como son tantísimos mangos los que pare mi mata
también guardé uno para ti.

No lo quisiste y ese mango, amigo mío,
se pudre en la meseta lentamente.

Pero, como pasa un segundo, pasa un día
y el próximo verano volverá mi mata a parir mangos
y de nuevo habrá mangos para todos,
mas no para ti.

En mi imaginario tengo muchos jardines maltratados por el desamor. Jardines llorosos, marchitos, secos.

Mi experiencia, sin embargo, es otra. Para mí, el jardín es un lugar al que volver cuando la vida te rompe el corazón. Un refugio para descansar, para reconciliarse con los demás y con una misma, para coger lo necesario —un ramillete de amapolas, una ramita de romero— y seguir.

Digo morera

Desde que se fue
riego con tinto los geranios
y de las gotas que caen de mis labios
que tan bien riego
nacen amapolas silvestres sonajeros.

Me cantan amor los claveles
en sus macetas pintadas a mano
mientras barro las hojas secas del patio
para luego dejarlas ahí
(porque la tierra sabe qué hacer con ellas).

Me acerco a la orilla de una fuente clara,
me miro en el agua y bebo con sed.

Digo «morera», una morera,
digo «sauce», un sauce,
digo «palmera», una palmera,
digo «olivo», un olivo.

¿Ven el poder que tengo?

En mi jardín, paseo señora
y vivo escandalosamente
como los gorriones y los mirlos
como los trinos del agua,
como el café y la caña,
como antes de que se fuera.

A veces sucede
que me muero de pena sobre la hierba
verde y lloro rocío de mis pestañas.

Y luego sucede
que me levanto hambrienta de mundo
y de cada cosa me como un segundo.

A esta muerte y resurrección
yo le llamo siesta.

En mi jardín, porque me echan los brazos
margaritas de colores y blanco
no las arranco, ni las deshojo,
ni tampoco voy preguntando
hombros tristes, cabeza abajo.

Yo no le pido a nadie que me quiera.

Natalia Peralta Rincón

Quizás es cosa de mi familia o algo que se aprende en el Caribe, pero yo sé buscar un lagarto. Lo busco, cada día, en los lugares habituales y en los sitios más insospechados.

Las más veces, lo encuentro, y otras veces no tengo tanta suerte, pero solo salir a buscarlo me entretiene como buena labor. Pienso que debería ser una asignatura obligatoria en la educación formal: cómo buscar la ilusión de cada día y luego cómo hacerlo día tras día.

Natalia Peralta Rincón

Busco un lagarto

Busco un lagarto
púrpura y melocotón
que sabe pedir deseos,
jazmín, limón y romero,
silbar y tejer palabras
en cadenetas de algodón.

Por las mañanas claras,
busco su rastro de miga de pan y gotas de miel,
sus diminutas huellas de barro en la loseta,
su olor a tierra mojada y a nacer.

Por las tardes tostadas,
busco su rastro anaranjado de vermut en el club de jazz,
las eses de su larga cola sobre el mar,
su olor a dama de noche y a deseo.

Cada día al abrir los ojos

busco un lagarto

                        púrpura y melocotón

mientras pienso

qué bonito un lagarto

y qué bonito tener

un lagarto

al que buscar.

entre el pan y las losetas

deseoso y silbador

en las noches de deseo

jazmín, limón y romero

Tengo un corazón excitable y enamoradizo. Cuando era adolescente, me enamoraba la imagen de un novio guapo tocando la trompeta sentado en una silla de madera en el balcón de nuestro apartamento en París —anda que no—.

Sin embargo, últimamente me enamora más, por las noches, el reflejo en la ventana de mi terraza en Sevilla, en el que me veo a mí misma en mi escritorio escribiendo. Creo que me estoy enamorando de mi vida.

Natalia Peralta Rincón

TODOS LOS JAZZISTAS

Todos los saxofonistas de jazz me enamoran,
o todo el jazz,
o cualquier saxofonista,
puede que incluso un amante aficionado;

debo andarme con cuidado.

Antes de que me escriban
todos los jazzistas guapos de la ciudad
—por favor, háganlo—,
sepan que yo misma me enamoro cuando escribo
«todos los saxofonistas de jazz me enamoran».

Serán gajes del oficio, pero me gusta amar con la lengua.

Me gustan mis palabras pronunciadas por otros acentos y me gusta descubrir los términos y acepciones inesperados que elige el otro. Adoro que me seduzcan otras lenguas; el alemán, el turco, el iraní, el portugués.

Me encanta ese idioma propio, íntimo y secreto que van creando y regando los amantes en complicidad amorosa. Ese que solo entienden ellos.

Amo usar esta lengua privilegiada en usos y sentidos, en riqueza y sensualidad, para amar yo también con ese músculo fuerte a fuerza de años y hablantes y amantes.

Lengua

En palabras húmedas y tibias
mi lengua se derrama sobre tu cuerpo.

Te toca
con el sentido cargado
con lo que tantas veces ha tocado
y de tantas maneras
hoy también a ti.

ESTE POEMA LO ESCRIBÍ PARA mí.

No sé si soy buena o mala poetisa, pero en este poema puedo entrar y acurrucarme. Puedo escuchar música, dormitar, cautivar mis sentidos y calentarme o refrescarme, según lo necesite. Puedo asomarme a cuatro ventanas y sentir los lugares del mundo que adoro cerca.

En este poema, me siento en paz, amada y ricamente alimentada. Un regalito que se hace una, oye.

NATALIA PERALTA RINCÓN

BÚNKER

Se viene necesitando
cubrir el suelo de leche tibia,
canela, limón, arroz
y azúcar morena.

Una cama grande en el centro,
hora sagrada, buñuelos,
y la mano de un hombre flaco
en el pecho izquierdo.

Se viene necesitando
mojar la caña de un saxo
y tocar.

Cuatro ventanas abiertas
a Feria, al almendro,
a Bourbon Street
y a la mar.

Un helecho verde que no muera,
un pañuelo rojo sobre la lámpara,
y un visillo flotando al compás.

Se viene necesitando
quedarse aquí
lo que dure la vida
para aprender solamente
a abrir la mano.

Natalia Peralta Rincón

CUANDO MI PRIMA ERA PEQUEÑA, fui a verla a un recital de poesía en su colegio. Ella recitó un poema bonito sobre la primavera. Sus compañeros también leyeron poemas divertidos, tiernos y maravillosos sobre el amor, las matemáticas, el Betis y su persona favorita. En el recital, una niña, después de describir a su amado con todo lujo de detalles, sentenció: «Y, si no te gusto, pues tú te lo pierdes».

Me conmovieron sus poemas y me atrapó esta idea como un rayo: un día los dejarán de escribir.

Yo no creo que todo el mundo deba escribir poesía. Al fin y al cabo, hay mil maneras de expresarse y mil maneras de pasar un rato agradable sobre la tierra; lo terrible es que hay quien lo necesita y no lo hace. ¿Por qué no lo hace?

A mi prima y compañera poeta Isabel

COSAS DE NIÑOS

Leen poesía los niños.
Leen la suya,
la que necesitan,
la que habla de ellos
con las palabras que ellos conocen.

Leen poesía los niños.
Leen la suya,
esa que pronto,
antes de lo que piensan,
esa que pronto,
aunque sea suya,
esa que pronto,
aunque hable de ellos,
esa que pronto,
con las palabras que ellos conocen,
esa que pronto,
y, aunque la necesiten más que nunca,

dejarán de escribir.

LLEVO TODA LA VIDA CONVENCIDA de que tengo suerte y, últimamente, comienzo a pensar que gran parte de la suerte está en creer que se tiene.

CREDO

Dicen que tengo suerte.

Yo creo que puedo apuntar una trompeta dorada al cielo
y, con mis dedos, tocar.

Creo que las luces rojas
sirven para parar.

Creo en aquello que me apetece
y con la boca lo pido.

Creo en los balcones frondosos y sensuales
de las señoras indecentes a la calle.

Creo en la vida feliz
de mis padres.

Creo, las veces que pierdo,
que la próxima vez será.

Creo que se me dará la albahaca
aunque no la sepa regar.

Creo que la gente me quiere
y en la gente que me quiere también creo.

Creo en la cura de los médicos,
el ajo, el jengibre y la mar.

Creo en este humilde oficio
y que con eso viviré.

Creo, y esto lo creo año tras año,
que en marzo volverá la primavera.

Quizás a eso se refieren,
cuando dicen que tengo suerte,
yo también lo creo.

Recuerdo que cuando tenía doce años me daba pánico enamorarme porque temía que me rompieran el corazón y no volver a amar como la primera vez —la típica preocupación de los doce años—.

Pensaba que todo lo que viniese después sería una versión empañada del primer amor, que jamás volvería a sentir igual. Muchas canciones me advertían sobre ello.

Luego pasó que me enamoré por primera vez y, para no hacer el cuento largo, me rompieron el corazón. Es verdad que no he vuelto a amar como aquella vez.

Ahora amo mejor. Ahora, lleno de curitas, vuelvo y apuesto el corazón —está ahí para eso—. Ahora amo mejor porque sé lo mucho que duele y también que luego se pasa. Sé que el muy pendejo vuelve y se enamora; como antes, como nunca, mejor.

«Dos corazones rotos» es una invitación. No hay que romperlo aposta, ni tirarlo de ninguna ventana, ni rajarlo como prueba de nada. No estoy diciendo eso. Con usarlo correctamente basta. Con que seamos un poco valientes basta.

Natalia Peralta Rincón

Dos corazones rotos

Tengo dos corazones rotos,
uno en cada pezón.

Por el primero entró lo bello.
Comí mango y se rajó.

Por el segundo, salió todo;
lo que quise dar y lo que no.

El segundo no lo esperaba,
descalza se me estalló.

Un corazón roto, qué bueno.
Mejor es tener dos.

Hallarse así en la ventana
cuerpo gentil al calor.

Cuando te rompan uno
y con el otro, los dos,

borda una camisa blanca
con hilo rojo y dolor.
Pon dos corazones rotos
uno en cada pezón.
Deja que entre y que salga,
así es que late el amor.

Sé que las listas son poco poéticas (*¿lo son?*), pero la vida es tan rica a veces…

CÓMETELOS

Una voz para el bolero,
la luz de la luna mojada en pan,
los restos de su olor sobre tu cuerpo,
los suspiros de amor, azúcar y deseo,
los guisos que después ya no serán,
la vida que tienes,
siempre y cuando te guste,
al trompetista de Ligia Elena,
y a Ligia Elena también,
cuando te muerda el hombro,
al que apriete los ojos al sonreír,
al que lo hace bien
y, mejor, al que lo hace bueno,
una madalena de caramelo,
las naranjas y las fresas
pescadas con los dedos,
las nubes en forma de nubes,
las alfombras de primavera,
todas las piedras que te hagan magnética,
las sábanas limpias y frescas,

los espejos amantes o amigos,
las palabras como barro o río,
el suelo que te devuelve a ti,
la esperanza y el sirope de arce,
las amapolas a bocados,
el primer sol que es tuyo,
tú hazme caso.

NATALIA PERALTA RINCÓN

ESTE POEMA LO ESCRIBÍ EMBRIAGADA por la sensación que me produjo ver *Tres adioses* de Isabel Coixet en el cine con mis amigos. Me di cuenta —ya lo intuía— de que voy a extrañar la vida.

NATALIA PERALTA RINCÓN

QUÉ DIRÁN

Dirán
escribía poemas bonitos
con palabras sencillas
sobre cosas pequeñas.

Dirán
qué hermosa era
con su pañuelo de seda
por todo el cuello
el pelo alborotado,
sus anillos de oro viejo
en sus dedos largos,
los labios pintados
del color de sus labios.

Qué hermosa era, dirán.

Dirán
siempre una sonrisa en la boca,
siempre tendía la mano,

siempre fue buena y, también,
otras mentiras.

Dirán
es una gran pena
y eso será verdad.

Dirán, ojalá,
que fue fácil quererme,
mucho más fácil extrañarme
en todas las cosas que hice mías
y que, cuando ya no pueda sentirlas,
extrañaré.

ESCRIBÍ ESTE POEMA EN PANDEMIA, durante el confinamiento, cuando sentía que me desbordaba en amor y ganas de vivir. Como muchos, inventé un mundo entero en mi casa: probé recetas nuevas, hice pendientes de arcilla, comencé a meditar. Escribí poemas, teatro, cuentos, películas. De ese impulso, del hecho de que nunca se me ocurrió frenar ese deseo de vida, nace este poema.

Cuando lo terminé, se lo di a mi madre para que lo revisara y me dijo que le parecía muy bonito. Este poema le gusta a mi madre y eso es lo mejor que podrán decir de mí y de cualquier cosa que yo haga.

NATALIA PERALTA RINCÓN

¿Qué se puede hacer con una fuga de azúcar de caña?

Una fuga de azúcar de caña
brota a borbotones de la loseta.

Antes la encauzaba en suspiros,
buñuelos rellenos, majaretes,
almendrados y tartas de coco.
La encauzaba en torrijas, bizcochos y tres leches
que iban a dar a un mar de bocas queridas.

Ahora eso no se puede.

Entonces, la encauzo en castillos de arena,
quimeras, mascarillas exfoliantes,
centros de mesa y posavasos.
La encauzo en bustos de Apolo,
en su cuerpo esculpido entero
y hasta su boca.

La encauzo en tinta de poema.

Busco en internet:
¿qué se puede hacer con una fuga de azúcar de caña?
Se puede hacer de todo, pero internet no lo sabe.

Me sugiere, sin embargo,
el video de dos hombres bailando tango
en la calle, cuando se podía.
Me recreo un segundo
y el azúcar sube hasta mis muslos.

Mientras la fuga de azúcar de caña
brota a borbotones de la loseta
e inunda la casa,
pienso en la abundancia
y en el finito pálpito dichoso
de un corazón que no cree ni creyó nunca
en tapar la fisura.

Nací, según mi abuela con los ojos muy abiertos, el 19 de enero de 1996 en la ciudad de Santo Domingo. Mi madre es sevillana y hace diccionarios. Mi padre es dominicano y adora cantar boleros. De esa mezcla andaluza y caribeña, de sus paisajes, sabores, ritmos y palabras, nazco yo y nace mi poesía.

En mi casa siempre había libros y gente leyendo. Mi familia me inculcó el placer de la lectura y el amor por la comida, la cultura y el mar. Recuerdo que, desde pequeña, soñaba con ser escritora. Todos mis cuadernos del colegio tienen la clase escrita por delante, y relatos, canciones y poemas escritos por detrás.

Con una vocación tan clara y el apoyo de mi gente, me dediqué en mi etapa universitaria a buscar lugares donde tuviese la oportunidad de escribir: la licenciatura en comunicación social en Santo Domingo, la especialidad en cine en Estados Unidos, los másters de guion en Sevilla y Salamanca, y todos los cursos de escritura creativa.

Llevo ocho años viviendo en Sevilla y trabajando como guionista de cine y series. En mi tiempo libre escribo poemas, diarios y relatos. Mi única ambición —además de una casa bonita con muchos libros y claveles— es que las palabras sigan siendo mi oficio y mi juego durante toda la vida.

Títulos anteriores de Maresía (Pie de Página):

15. *Un poco de orden. Reseñas de poesía española (2014-2024)*. Arturo Tendero, 2025.

16. *Versos de un país que nunca pierde la esperanza. Poesía bonita y que se entiende de Argentina.* Varios autores (coord. Camila Mermet), 2025.

17. *Poesía bonita y que se entiende 3. Nueva antología comentada de poesía actual.* Varios autores (coord. Carlos Valdivia), 2025.

18. *Ver fugarse los crepúsculos. Poesía bonita y que se entiende de Colombia.* Varios autores (coord. Emilio Jaramillo), 2025.

19. *La emperatriz.* Valle Mozas, 2025.

20. *Chernóbil: zona de exclusión.* Gonzalo Jiménez Varas, 2026.

Todas las erratas de este libro
han sido colocadas estratégicamente.